动车组看图识配件丛书

CRH3C型动车组看图识配件

《CRH3C型动车组看图识配件》编委会　编

中国铁道出版社
2017年·北京

图书在版编目(CIP)数据

CRH3C 型动车组看图识配件/《CRH3C 型动车组看图识配件》编委会编. —北京:中国铁道出版社,2017.7
(动车组看图识配件丛书)
ISBN 978-7-113-23284-9

Ⅰ.①C… Ⅱ.①C… Ⅲ.①动车-配件-图解 Ⅳ.①U266-64

中国版本图书馆 CIP 数据核字(2017)第 144748 号

书　　名:动车组看图识配件丛书
CRH3C 型动车组看图识配件
作　　者:《CRH3C 型动车组看图识配件》编委会　编

责任编辑:孙　楠　**编辑助理**:袁文东　**编辑部电话**:(010)51873421　**电子信箱**:tdpress@126.com
封面设计:郑春鹏　**责任校对**:胡明锋　**责任印制**:高春晓

出版发行:中国铁道出版社(100054,北京市西城区右安门西街 8 号)
网　　址:http://www.tdpress.com
印　　刷:中煤(北京)印务有限公司
版　　次:2017 年 7 月第 1 版　2017 年 7 月第 1 次印刷
开　　本:850 mm×1 168 mm　1/32　印张:2　字数:44 千
书　　号:ISBN 978-7-113-23284-9
定　　价:23.00 元

编　委　会

前　　言

随着我国高速铁路事业的快速发展，对动车组运用检修人员的数量与能力要求也在与日俱增。为进一步服务高速铁路新职人员、动车组转型人员的培训需求，编者对动车组运用检修过程中常见、常用的基础配件进行了统计梳理，根据配件位置分布将动车组配件按车顶部分、车内部分、车下部分三部分来划分，实景取图并规范配件表述名称，编撰形成《动车组看图识配件丛书》。本书为丛书之一的《CRH3C 型动车组看图识配件》。

《动车组看图识配件丛书》共 7 册，分别介绍了 CRH1 型、CRH2 型、CRH3C 型、CRH5A 型、CRH380A(L)型、CRH380B(L)型、CRH380CL 型动车组的配件。本丛书可作为从事动车组运用检修相关的技术、管理人员培训用书，也可作为高速铁路相关专业人员和相关专业院校师生普及型学习用书。

编者

2017 年 5 月

CONTENTS
目录

CRH3C型 动车组看图识配件

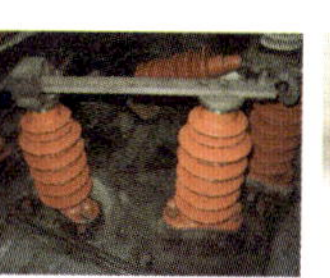

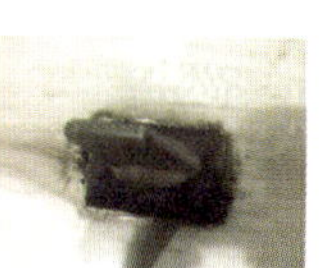

ADD 降弓阀

接地保护装置

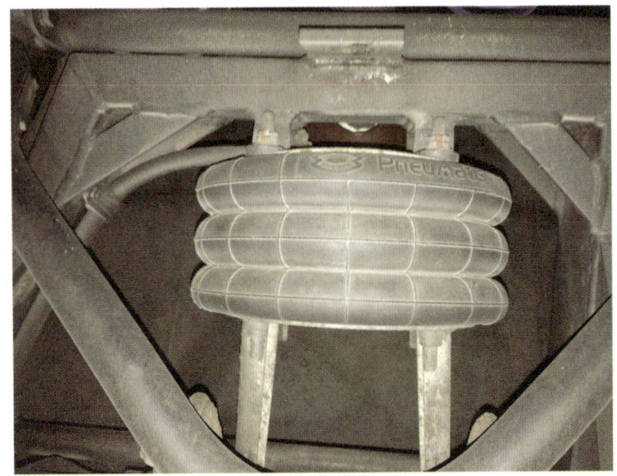

升弓气囊

受电弓

受电弓导流罩

受电弓支撑绝缘子

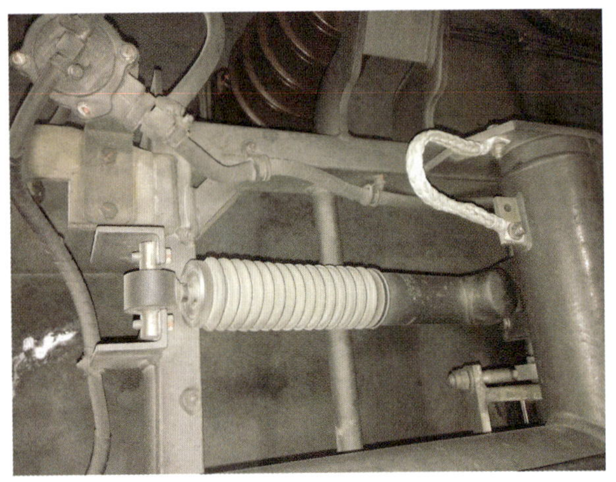

受电弓阻尼器

碳滑板

电压互感器

电流互感器

真空断路器

变压器液位视窗

空调风扇

空调风机罩

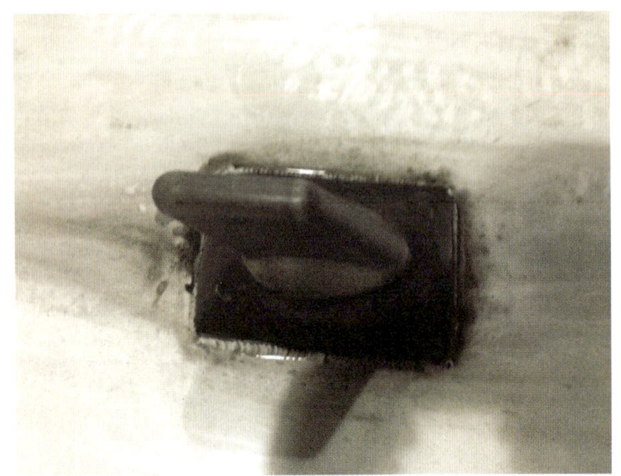

车顶天线

车顶隔离开关

车顶高压跳线

避雷器

制动电阻箱

CRH3C型

动车组 看图识配件

司机室

机械师室

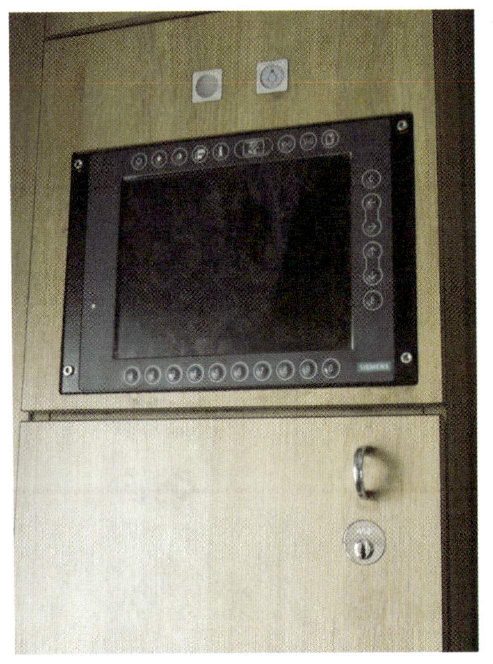

乘务员室 HMI 屏

乘务员室 PIS 装置
（乘务员室旅客信息系统）

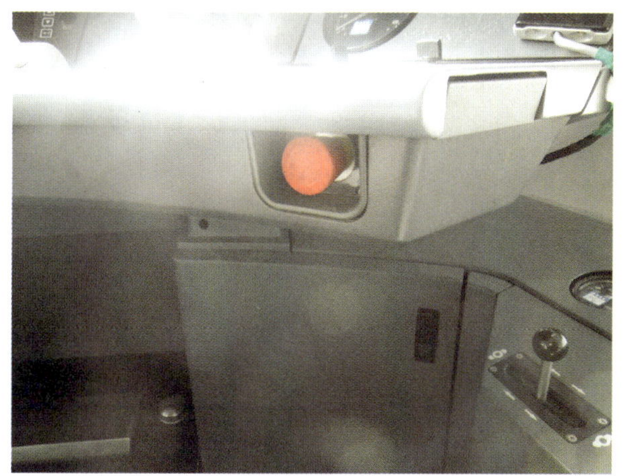

紧急关断按钮

紧急制动按钮

一等座椅

一等座椅小桌板

一等座椅脚踏

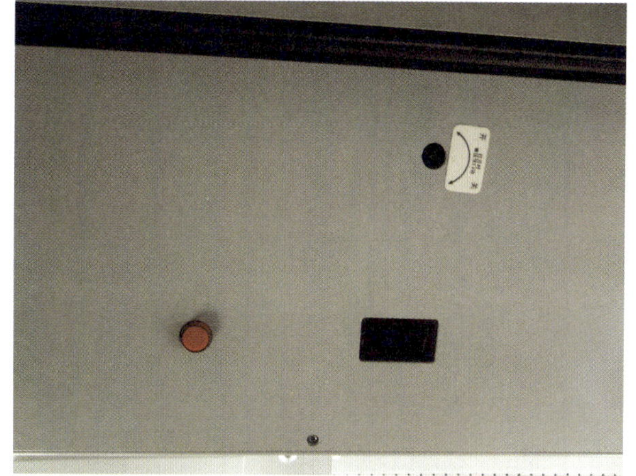
内端门自动开关按钮

内风挡

乘客紧急渡板

二等座椅

二等座椅小桌板

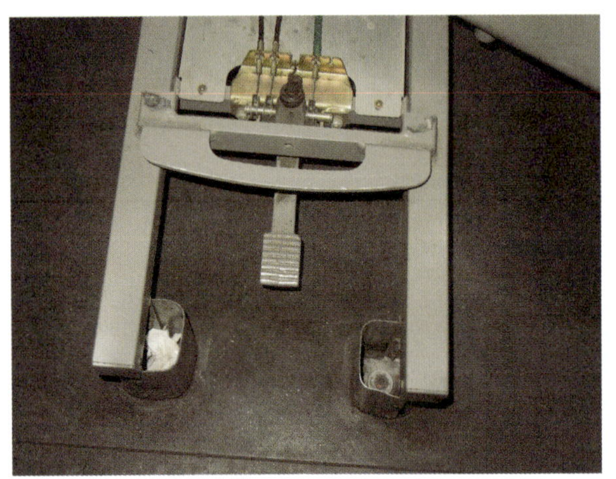

二等座椅旋转脚踏

行李架

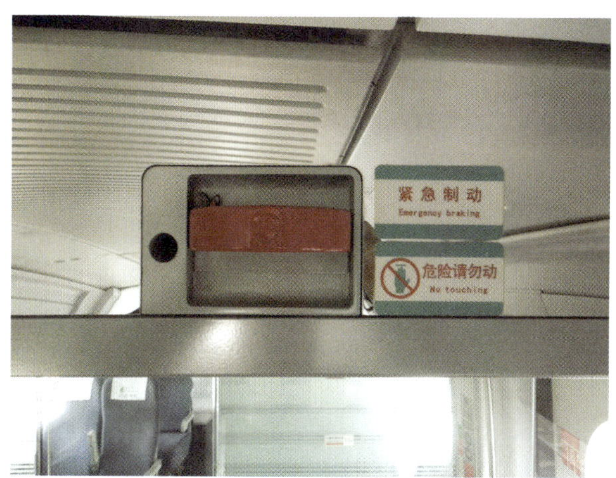

客室紧急制动拉手

应急锤

玻璃水液位显示

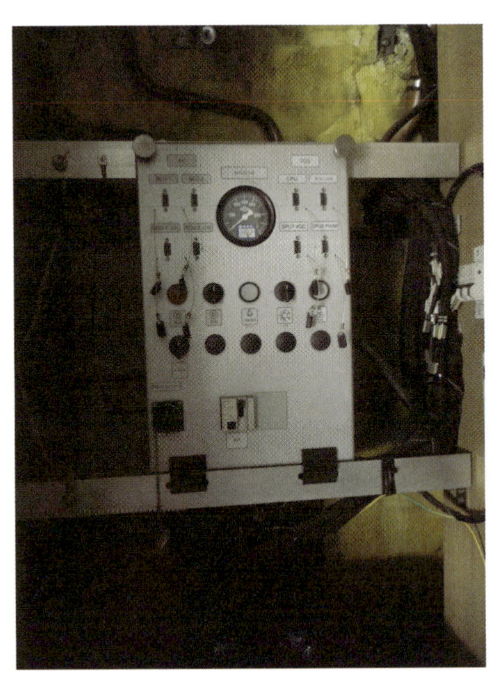
车辆控制面板

卫生间洗手池

厨房冷藏柜

电茶炉

电茶炉检修门

站台补偿器

紧急开门装置

紧急逃生窗

车门防护网

车门隔离锁

逃生梯 1

逃生梯 2

防火隔断门

验电器

餐车厨房洗手池

餐车厨房配电盘

餐车吧台

餐车座椅

CRH3C型

动车组看图识配件

头罩及标识灯

雨刮器

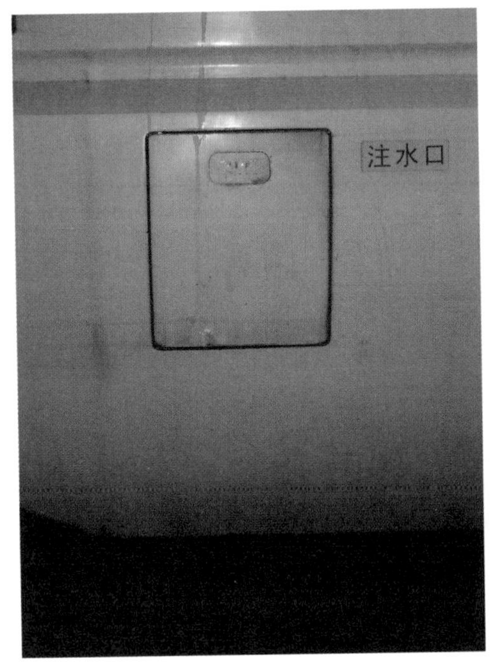

注水口盖板

注砂口盖板

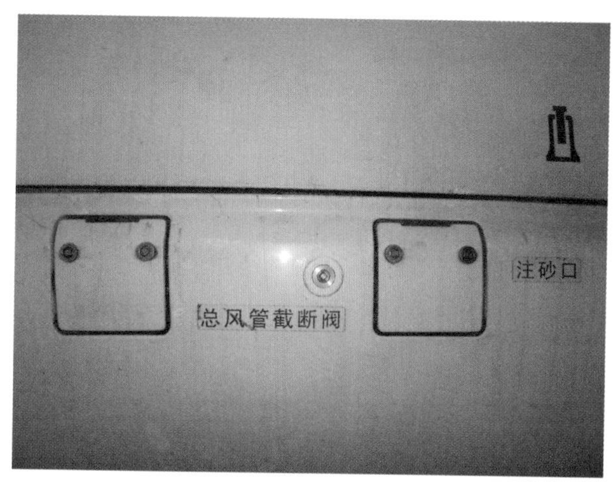

总风管截断阀盖板、注砂口盖板

制动显示器

BTM 天线

ETCS 梁

拖车轴盘制动装置

车端跨接电缆

外风挡

司机室空调冷凝风扇

撒砂装置

牵引电机冷却风机底板

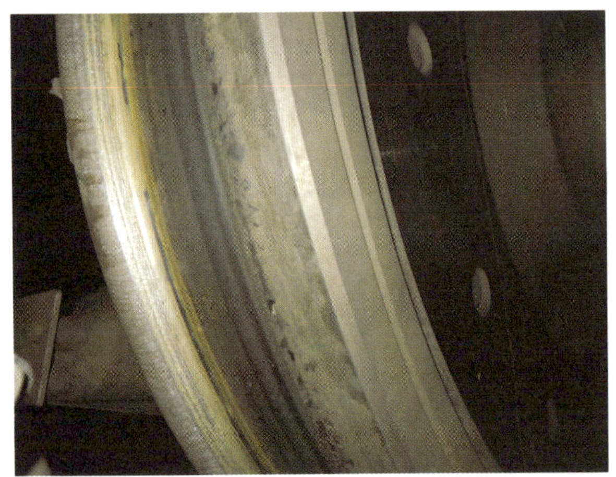

轮对踏面

轴端盖

轴箱弹簧

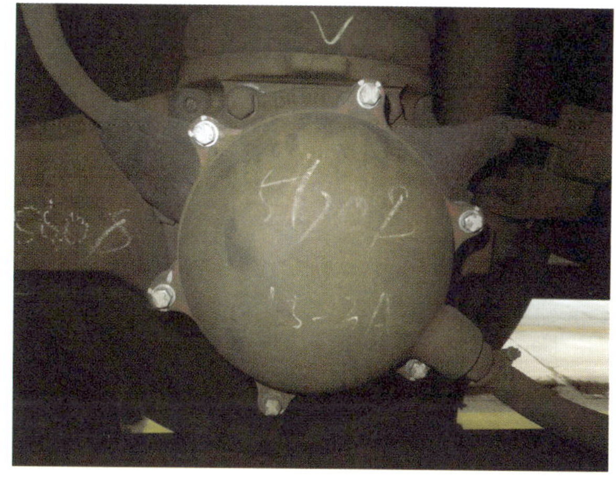

接地装置

停放制动紧急缓解手柄

停放制动缸

制动夹钳

制动风缸

齿轮箱

齿轮箱注油和排油堵、油位观察窗

C 型支架

联轴节

牵引电机电力连接器

牵引电机减振器

牵引电机通风装置软连接

牵引电机吊架

横向减振器

横向橡胶止挡

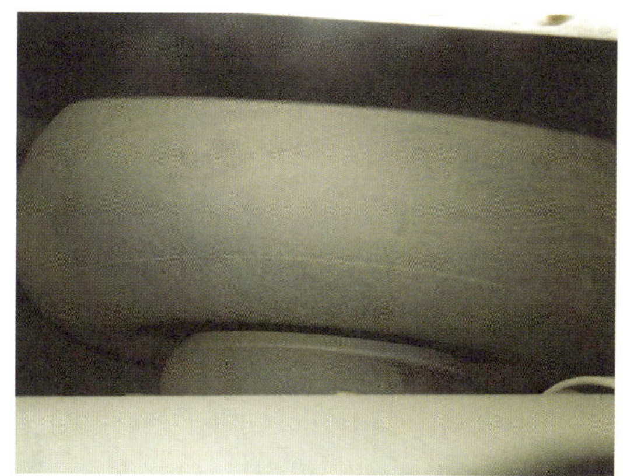

空气弹簧

空气弹簧高度调整杆

一系垂向减振器

抗蛇行减振器

中心销

自动过分相装置感应接收器

转向架排障器

轨道电路读取器(TCR 天线)

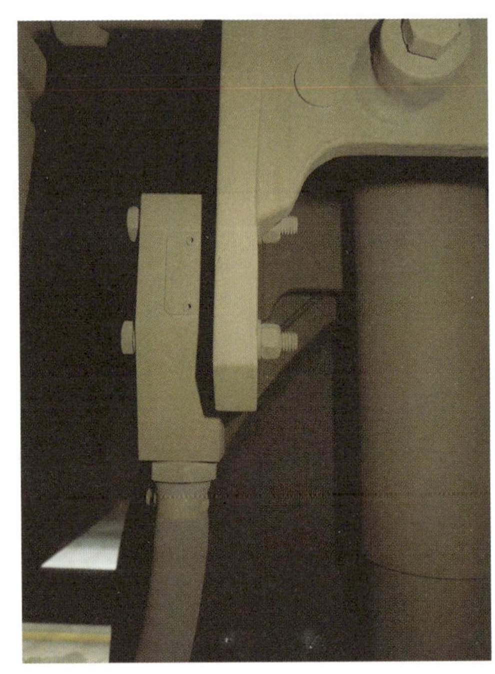

转向架横向加速度传感器